JN410703

겨울의 사회학

시와사상 시인선 32

겨울의 사회학

김검수 시집

시와사상사

시인의 말

바다와 사막을 그리워하는
우주비행사

두고 온 별
장미
타인의 발자국

한 편의 시를 쓰기 위해
작은 것들을 노래하다

2019년 9월
김 검 수

차 례

제 2 부

제 3 부

제 4 부

제1부

붉은 흔적

일없이 길에 나선다
허리 꺾인 발자국에 물이 고이고
걸음은 티눈 속에 절룩거린다
시야를 가리던 굴참나무
휘청거리는 관절이 바람을 탄다
지문을 새긴 길이 아득하다
검은 고양이는 흔들의자에 앉아
혓바닥을 세차게 날름거린다
바큇살에 감긴 햇살 한 모금으로
오후 두시를 뱉어낸 붉은 혀를 감춘다
허리띠를 졸라맨 길바닥에서
숨찬 허기를 내려놓는다
닳아빠진 구두 밑창의
멍든 자국을 따라
욕망의 덩어리가 물구나무를 선다
젖은 군화는 세상에 귀가 멀어
은빛 계단에 등을 말린다

산복도로

바람에 길을 묻는다
숨소리조차 들리지 않는
혼돈의 밤은
어둠을 껴안고 지나간다
까마득하게 가고 있는 천마산 비탈길은
어둠을 짓밟는 구둣발에 갇힌다
좁은 어깨를 맞대고 살아온
모로 누운 영혼들이
쪽방마다
허리를 서로 기대고 있다
기력을 다해 벗어난 야윈 비탈길
눈물을 겨우 말리고 있다

시간은 지평 너머에 있다

느닷없는 침묵이 된 너는
변두리를 서성이는 삭은 파문이다
전시실에서 걸어 나온 가을 잎새 같은
하얀 면사포다 숲을 지나
언덕 너머로 사라지는 솜구름이다
짐승처럼 나는 발톱을 세우고
솜구름 한 자락을 깔고 앉는다
네가 사라진 쪽으로
늑대울음 같은 울음을 운다
울음을 타고 오는 오색 솜구름
붉은 노을에 날개를 단다
검은 테가 뚜렷한 안경 너머로 너는
사라지는 듯 사라지지 않는
서녘 하늘을 송두리째 차지한
아늑한 울림, 알타미라동굴이다
회오리바람에 날아갈 듯
날아가지 않는 옷자락이다

퍼즐 읽기

잠든 나를 깨운
지난날이 손바닥을 턴다
불시착한 붉은 노을은
달의 지문을 뭉그러뜨린다
이승의 문턱을 넘으며 나는
비껴간 영혼의 중심을 목격한다
허공의 틈새에서 서성거리는
의식은 왠지 무겁다
사천왕의 입술이 중후하게 흔들린다
내 눈을 내려다보는
너의 굽은 혓바닥이 맨발로 걸어나온다
무수한 별빛이 걸려있는 정토
산자락의 푸른 눈빛은 반쯤 젖어있다
숨결을 몰아쉬며
법멸을 되새기는 나는
눈 끔벅거리며 하늘을 본다

티눈

공원 벤치에 앉아 티눈을 깎는다
발가락 틈에 자리 잡은
뿌리 내린 족쇄
아려오는 적막은 통증 속에 있다
붉다 못해 거뭇하게 익어가는
내 발가락 속의 낭패
푸른 집단주의자 같은
걸음을 가로채는 패거리가 있다
쓰린 암호를 지긋이 전달하는
단단한 테를 두른 눈빛을 깎는다
흐린 날 이따금 깊은 메아리 소리로
발가락 틈에서 발바닥 어디서
시선의 높낮이를 조율하는
날카로운 칼날에
눈시울이 거듭 토라진다
어쩌다 햇살을 거두는
다섯 발가락이 일제히 흔들린다
먼 뇌성을 잠재우며
사방 초점이 물구나무선다
기억 저편의 별빛과

때로는 아픔의 자유를 그리워한다
이별을 말하지 못하는 우유부단은
입술 속 깊은 곳에서 흔들린다

혼돈 마케팅

빨간 커튼이 나불거리고
누가 내 귓불을 깨문다
꿈은 뜬금없는 신호를 한다
다리 하나 아슬 한 몽환을 지나가는
속눈썹이 가늘게 신호를 한다
지친 피로에 잠든 척추가 꿈틀거린다
무릎 사이로 떠도는 내 영혼이
미처 짐작하지 못한 세계를 지망한다
레일을 밟으며 탱고를 추는
쾌속열차는 방금 숲속을 지나간다
발톱을 깎는
포효하는 눈빛을 지나 급히 달린다
푸른 세상을 지망하던 가슴은
닫힌 출구를 찾아
아득한 여정을 다시 꿈꾼다
그림자 속에 감춘
시간은 어쩌다 순서가 없다
낯선 지평에서 머리를 치켜든
빨간 커튼이 펄럭인다

사회학 1

낡은 골목길에
낯선 영혼이 허옇게 서 있다
파란 넥타이는 걸어나온다
꽃살문 꿈을 꾼다
깃털을 탐하던 낡은 길목은
지층과 지층 사이 어둠을 갉아먹는다
검은 발톱을 삼킨 한쪽 눈알은
진홍색 커튼을 젖히고 내 팔목을 잡는다
윤회로 얽은 한때가 지나간다
상처를 씻어 내던 눈물 같은 영혼
다 식은 찻잔을 든다
비밀문자가 쓰인 커다란 문을 두들긴다
스프링쿨러에서 쏟아져 나온
물비늘 선 하늘이 비를 뿌린다
뿌리내린 숲에 나는 갇힌다
꽃무늬 가방을 든 꿈속의 아이는
지하철 5번 출구로 뛴다

사회학 2

사막의 별이 걸린
돔 안의 식당에서 외식을 한다
붉은 와디럼 사막에서
사암의 바위 협곡을 본다
트럼펫 소리는 그림과 함께
해오라기 떼가 되어 공중으로 솟아오른다
유령도시 앙코르와트 사원
지구가 납작하다는 그는
지하 세계의 밀림을 품는다
하구로 향하던 버스는 다시 고개를 넘는다
황금 복권 한 장 산다
어젯밤 꿈에서 본 바위 다리
노란 별은 암벽 미로 속으로 빠져든다
농염한 시선의 여인도
로마로 가는 회전문을 빠져나간다
비릿한 냄새에 지친 사내는
비밀의 통로를 지나
게릴라성 붉은 여우비를 만난다
모래 위에서 나는 환상을 버린다
구름계단을 지나간다

사회학 3

옥상 달빛극장 소파에 앉아
그림자 꼬리가 긴
영혼들의 빨간 눈을 읽는다
과거를 더듬는 깊은 눈알에 담은
시간 안쪽 어디에서
늙은 자전거가 추락하는 것을 본다
지구를 떠도는 나는
생명선의 좌표를 당기며
커다란 무쇠 부리로 악령을 쫓는다
블루투스 이어폰을 낀 여자가
옥탑방 창문을 열자
입속에 벨을 단 유모차 한 대
좁은 골목길을 빠져나온다
옥상 주차장에는
그날의 심정을 통째로 끓인
불쾌하게 취한 시간들이 지나간다
느리게 걷는 달빛이 얼굴을 비추자
셀카 찍는 신혼부부가 숨죽였던 시간을 껴안는다
허옇게 핀 오징어를 뜯는다

사회학 4

유자망에 걸린 긴 혓바닥을 내밀고
반나절 동안 반나절의 죽음을 느낀다
나는 영혼이 살아있을
천자산 백룡 엘리베이터에서
입술이 매달린 울음들을 본다
하루를 평생처럼 사는 나는
두 개의 긴 꼬리로 우주를 빗질하는 동안
거미줄에 걸린 옛사람들의 기억을 본다
저승의 귓바퀴에 매달린 붉은 악마를 지운
낯선 울음들이 어두운 창밖으로
별똥별을 감출 수 없는 나는
출입제한구역 붉은 불빛이
아득한 그리움이 되는
우주의 형상에 팔짱을 낀다

사회학 5

나는 천년의 눈물을 흘렸다
눈 가장자리에서 말라버린 시린 천년
비명도 없이 가라앉은 도시를 보았다
빛바랜 유리창 건물 사이로
분홍빛 물결에 몸을 떠는 나를 보았다
해변의 파도를 타는 인어들
시간은 아득한 숲에 갇혀 파닥였다
수중도시를 그리며 나는
벽마다 붉은 페인트로 꿈을 엮었다
모래 위에 사라진 생을 추구했다
끝없이 맨발로 사막을 걸어간 모래언덕
붉은 낙타의 울음을 새긴 흔적을 보았다
바다가 팽창하는 유리벽을 허물고
고압 케이블에 감전된
해저도시를 탈출하는 꿈을 꿨다
발자국 하나 남기지 않은 새들이
하늘 깊숙이 날아올랐다
새들이 펄럭이는 날개 끝에서
거센 파도가 일어서고
파도 저편 도시는 일제히 무너졌다

불타는 도시는 붉게 물들었다
나는 천년의 눈물을 흘렸다
눈 가장자리에서 말라버린 시린 천년
비명도 없이 가라앉은 도시를 보았다

사회학 6

눈먼 고양이가 할퀴고 간
도시의 뒷골목에서 세루비아가 핀다
붉은 햇살을 닮은 불빛이 거울 속에 숨어든다
삐걱거리는 다락방 창틀에 앉아
풍경이 된 빌딩 숲을 본다
밀실에 갇힌 눈꼬리를 말아 올리며
허연 블라우스를 입은 자작나무의
부드러운 줄기를 눈으로 쓰다듬는다
오염된 도시를 탈출하는 양떼구름은
숨찬 가슴을 할딱거린다
붉은 날개를 퍼덕거리는
부리 긴 새
천 개의 계단을 밟고 석탑을 돈다
소금밭을 일구던 태양은
우주 밖 어디에서 붉은 날개를 턴다
지구 저편의 천체들은
태양의 등을 타고 날아오른다

사회학 7

오늘의 멍에를 벗어던진 나는
타오르는 불꽃의 혓바닥을 본다
바코드를 부착한 문을 열고
죽은 영혼들은 무덤에서
파라오의 관을 짓밟고
카메라맨이 찍은 사진을 들어올린다
낙타의 눈썹에 매달린
만찬 초대장이 펄럭거린다
거리 여인의 금빛 나는 옷자락을 타고
거미 한 마리 기어간다
소파에 앉은 나는 풍경을 즐기며
로댕의 거리를 청소하는
로봇에게 인사를 한다
접근 금지 플랜카드를 두른 나는
우편배달부가 걸어오는
골목길을 빠져나온다

사회학 8

뉴스의 속보를 점검하는 나는
기름때 묻은 장갑을 벗는다
타이어를 갈아 끼우던 손을 비틀어
윈도브러시를 왼쪽으로 옮긴다
코뚜레 벗겨진 손바닥의 붉은 피가
이념의 경계선을 허무는 동안
발효된 진한 웃음을 머금는다
산 하나 뚫는 눈빛 깊이
위장한 오류의 비밀을 감춘다
눈빛은 무덤 속에서 기어 나와
목줄에 매달린 장미 송이를 마구 뿌린다
경계선을 지나 차단된 암흑 속에서
시들어 가는 영혼이 허리를 꺾는다
붉은 벽을 타고 담장을 쓰러뜨리는
내 안에 숨죽인 무수한 별이
渴한 입술을 말리며 반짝인다
한동안 나는 나를 포박한다

사회학 9

지구본이 걸린 식탁에 앉아
숟가락 잡은 손가락 틈새로
백열전등이 돌아간다
메뉴판은 스마트폰으로 전송한다
우주여행 중이라는 문자가 뜬다
문장 80프로는 해독하지 못하고
댓글을 찍어 날린다
무한궤도를 점찍는 그대
이탈한 비행물체에 올라탄다
우주의 불꽃 풍경을 찍은 사진 속에는
미완의 곡을 읊조리는 얼굴이
청동거울 너머에서 날아오른다
별밤 티켓을 구매한 그대는
타임캡슐을 묻어버린다
우주와 일체가 된 그대
환상을 조율하고 무한궤도를 이탈한
장엄한 비행 음을 읊조린다

사회학 10

작은 심장을 달고
숨 헐떡거리는 뿌리 하나 지망없이 길 떠난다
어느 길목에서 마주친 뜨내기 또래와
세찬 빗속에서 비를 맞는다
억겁을 고민하는 신의 섭리
침몰한 생명은 다시 꿈을 되살린다
재빠른 시간의 연도에서
환호하는 소리를 거두어 품에 안는다
통쾌한 절규를 가슴에 찍는다
숙면의 깃발은 잠을 턴다
대기에 휘말려 지망 없이 쓰러지는
깊이 잠든 발자국을 털어낸다
지친 날은 뜬금없이 흐느적거리고
끝 모르는 바닥을 뒤집는
불가사의한 세상의 꽁지가 태어난다
꽁지로 가는 통로는 닫혔다 열리고
전설 같은 마을이 먼 횃불을 든다

사회학 11

사내 하나 공원 벤치에 앉아있다
등이 굽었다
호두알을 굴리며 올려다보는
망향의 봄은 푸른 아우성이다
때 묻은 외투를 펄럭이는 육신은
형언할 수 없는 그리움에 지쳐 있다
핏발선 동공 속으로
먼 하늘을 기어이 끌어당긴다
다시 풀어놓는 까마득한 눈알에
거리의 풍경은 일시에 길을 닫는다
꼬리를 밟힌 해체된 그림자
수명이 다한 문자를 해독하며 나는
사내의 그림자를 잘라 골목에 뿌린다
방전된 오후가 정지된 좁은 도로
골목길이 빗금을 치며 달아나고
담벼락을 타고 오르는 햇살에
노란 가을이 버짐처럼 번진다
천천히 기우는 노을 쪽으로
사내의 등이 기울어진다

제2부

블랙박스 1

백미러를 응시하며
신의 눈동자를 거듭 헤아린다
사각지대를 밀쳐 내고
고정된 관념과 암시를 생각한다
거리를 해킹당한 나는
얼굴을 가리고 방향 지시등을 지운다
일방통행을 떨쳐낸 보도블록은
풀무질하던 가슴과 동행한다
순간포착에 과속 페달을 밟으며
한편으로 기우는 눈의 초점을 세운다
반쯤 풀린 동공은
급브레이크에 조여든
안전벨트를 풀어헤친다
쏟아지는 졸음을 갓길에 밀어 넣고
견고한 눈시울이 벌이는
가변차선을 모자이크 한다

블랙박스 2

사차선 주행도로
눈시울이 동그랗게 덫에 걸린다
가드레일을 설치한 벌거벗은 가로등
전광판은 차선 변경 금지를 감시 중이다
은폐된 밀실이 경적을 울린다
모발에서 빠져나온 모세혈관이 촉수를 뻗는
1차선 도로의 가면을 쓴 그림자
신발 한 짝을 매달고 비명을 지른다
분리 수거되지 않는 앰블란스는
긴 경보를 울리며 다가선다
쓰러진 아스팔트 위에서
피투성이 하나,
250cc오토바이 한 대
팝콘으로 펑 튕겨 오른다
웅성거리는 군중 사이에서 솟구치는
신음, 숨 막히는 절규
먼 파도소리가 테트라포드를 때린다
호루라기를 입에 문 무리들은
흐트러진 몸뚱어리를 담아간다
앰블란스 소란이 멀어지고 있다

블랙박스 3

아스팔트 눈금은 투명하다
77번 버스 손잡이에 걸린 가장자리는
후미진 신호등을 배회한다
핏발선 눈빛은 지문을 남기고
여과되지 않는 손짓을 깜박인다
애완견을 찾아 헤매는 승용차 본넷트
도로 한가운데서 떨리는 굉음을
두리번거린다
대형할인마트 진열장을 빠져나온
1톤짜리 타이탄 트럭은
새벽시장 바코드에서 멈춘다
복권 판매점 네온사인이 출렁거린다
굽 낮은 신발은 눈부시게
회전문을 돌아 아치형 조형물에 걸린다
사상 공구상가 빌딩 살갗은 늘 푸르다
햇살 받은 보도블록은
가로수의 잎들을 어루만진다

블랙박스 4

은둔한 눈동자는
빗발치는 어둠을 관통한다
한뎃잠을 기웃거리는 혓바닥
24시 편의점을 빠져나온다
막다른 골목에서 시간을 놓치고
작업을 끝낸 피곤한 얼굴은
지하 계단을 오르내린다
외투를 걸친 붉은 눈을 앞세우는 악셀 레이더
그늘진 방향을 끌어당긴다
휘장을 걷어 올리는 검은 고양이는
제 발바닥을 핥고 있다
셔터를 누르며 아우성치고 가로등
잿빛 손짓은 서쪽으로 기운다
창문의 이빨이 덜컹거리는
행복마트 우두커니
문은 열린 듯 닫혀있다

블랙박스 5

지향점이 모호한
내 시선은 곡선이다
두 개의 길에서 또 하나의 길은
빗금을 긋는다 살아나려고
멈칫대는 시야가 어눌하게 밝아온다
후미진 어깨를 탁탁 친다
내 지문을 지우는 바람이 있다
철조망 안으로 등 떠밀리는 지문
휘어진 말발굽 편자가 바람에 걸린다
고대 박물관 유물에서 빠져나온
동공 하나의 그림자 아득한
스마트폰의 문자는 마저 지운다
현관문에 걸린 낯선 조명은
불 꺼진 진열장을 더듬거린다
내 그림자의 발자국을 표절한다
잠들 수 없는 눈빛 안에서
성난 별자리 하나 이글거린다

블랙박스 6

아이새도우를 바른 사내가
창문을 열며 손을 흔든다
허공에 머리를 빗어 올리던 적막한 밤
달그림자는 회전문을 빠져나온다
살 내음 가득히 슬픔을 맞이하는
소름 돋은 혓바늘
나뭇잎에 긴 정적을 끄적인다
팔짱을 낀 풍문들이 고갯짓을 한다
맨발로 뛰쳐나온
산발한 바람이 비명을 지른다
땀 밴 함성은
핸들을 놓친 비명을 포옹한다
철 지난 봄이 무너져 내리고
멀리서 오는 편서풍 사이로
검은 자동차 하나
클랙션을 울리며 겨울 저편으로 사라진다
저문 달을 우러러보는
잠들 수 없는 내 눈빛 안에서
붉은 별 하나 불타오른다

블랙박스 7

플래카드를 낚아채는
목격자는 저만치 물러난다
낮술에 젖은 혓바닥이
비상등을 켜는 듯 접는다
가변차선 너머로 일보 후진한다
궤도 밖으로 밀려난
악다구니는 저만치 정지선을 비켜간다
무수한 진술을 쏟아내며
과거의 기억을 저울질한다
굳은 몽타주가 화석처럼
거리 한쪽에 비스듬히 기운다
목발을 짚고 횡단보도를 건너던 여자는
어둠 입구에서 어둠을 운다
허공에 꽂인 머리칼이 펄럭이고
아픈 속살이 스키드 마크에 찍힌다
허기진 눈빛을 두리번거린다
충혈된 파편을 허공에 찍는다

블랙박스 8

8톤 타이탄 트럭에 실린 육계
정육점 출입문을 빠져나온다
오른쪽 운전석에 앉은 피에로는
검수 모터 빌딩 불빛을 읽는다
황사바람에 흔들리는 낯선 도시
눈시울 풀어진 화장을 거푸 지운다
윈도 브러시가 등판을 다독이는
조명등 혓바닥이 비틀거린다
연송연 담배연기는 발자취를 음미한다
빌딩의 갈증에 뒷바퀴를 채운
충혈된 허기로 거리를 방황한다
고장 난 레미콘의 후면 반사경에 비친
녹슨 철 계단 아래서 갑자기 비명을 지른다
아스팔트에서 치솟아 오르는 오존은
도시 옆구리를 휘감아돈다

블랙박스 9

빛이 차단된 동굴 어둠은
잿빛 몽타주 같은 경적을 울린다
비상구를 빠져나온다
기억을 망각한 엉클어진 그림자는
지문을 지우며 물러선다
백미러 안으로 슬그머니 잠적한다
과속방지턱 자국이 깨진다
브레이크를 놓친 후방 반사경이 추월한다
전조등의 아랫도리는 비명을 지르고
갓길에 맞서서
함몰된 절망을 찾아 헤맨다
가로등 불빛에 숨어든
붉은 절규는 목이 탄다

블랙박스 10

묵비권을 몸에 감춘
새벽 언저리의 고장 난 도시는
CCTV에 클로즈업된다
붉은 눈빛을 두리번거리는
길고양이 한 마리
굽은 등뼈를 늘어뜨린 채
미화원의 비질 소리를 모른 척한다
지린 보도블록이나 핥고 있다
마른 시간이 아스팔트 위를 굴러다니고
세상의 귓바퀴를 굴리며
불연속성 비상구를 잠식하는
황사바람은 갈증을 앓는다
이른 아침의 한랭성 기류를 쓰러뜨린
팔차선 도로가 널부러진다
검은 오랏줄이 지나간다

관람석

뇌성벽력에 흔들리는 피뢰침은
시계탑 분침에 가서 머문다
궤도를 이탈한 톱니바퀴는
찰나를 넘는다 탯줄을 잡고 나는
깊은 동공에 빠진 심연을 꺼내 읽는다
수많은 계곡을 만들며 활화산은
시간을 이모저모 불태운다
신이 내린 황금 가면을 거꾸로 쓴
정념은 순수하게 사라진다
저녁노을 속에 숨어있던 사내들이
검은 페르소나를 쓰고 나온다
불타버린 언어를 찾는 이방인들은
회상할 수 없는 추억을 확인한다
영원한 것은 전에도 없고 지금도 없다
창백한 얼굴에 문신을 찍은
이빨 날카로운 짐승들이 돌아다닌다

딥 임팩트

두문불출한 입에서
휘파람 소리를 듣는다
귀에서 자란 말들을 뜯어먹는다
환영하는 눈빛을 화살에 쏜다
지구의 아래는 우주가 있고
우주의 아래에 또 다른 지구가 있다
금속탄환 하나 촉을 세운
템펠 1호의 뇌관을 깨운
불꽃쇼는 방금 우주의 심장을 쏜다
고장 난 시계태엽을 스쳐가는
새는 방금 깃털을 뽑아버린다
발바닥 어딘가를 꿈질거리는
들쥐 한 마리의 세상이 어지럽다
눈동자 속 렌즈의 초점에 잠식한
주파수 따라 움직이는 눈동자
깊은 초점으로 조율한다

명상에 대하여

배낭에 담긴
내 영혼의 무게를 잰다
폭염 속에서 피어난 초롱 혓바닥
초롱꽃 연보라가 법당 안을 기웃거린다
망상의 세계를 파고들던 빛줄기는
내 발자국을 따라온다
육체를 담하던 빌레들은
붉은 혓바닥을 감추고
반대편 숲에서 퍼덕인다
빛의 소실점에서 찾은 적도의 한때
나는 지상의 모든 것을 생각한다
소리의 방향에 귀를 세우며
평온한 열기熱氣를 기다린다
울창한 숲속의 나는
가장 깊은 푸름을 꿈꾸고 있다

독도 1

나의 가슴 깊이 둥지를 튼
너는 등불이다 푸른 물결에 흔들리는
깃발이다 외로움이 아닌
햇빛 더 밝은 아침을 일으켜 세운
적멸의 눈빛은 살아있다
동해의 해돋이로
외롭게 지켜나가는 소용돌이 속
가슴에 품고 사는 푸른 바다의 표상이다
별빛 짙은 심장으로
슬픈 그림자는 끝없이 출렁이고
흐르는 것은 헛된 일이 아니다
잔인하게 꿈을 끌어올리는 상처
저 바다 밑에서 숨 쉬는 섬의 뿌리는
깊은 생명으로 키워낸다

독도 2

뱃고동 소리는
북위 37도
동경 131도를 크게 울린다
날카롭게 세상을 찌르는
겨울바다와 그 바다를 끌어안는
물살에 팽팽한 발 내딛는다
섬의 임자처럼 우뚝 솟은 촛대바위
독도 수비 대원들
눈빛 맑은 목소리 카랑카랑하다
소금 간으로 깊이 뿌리내린
원시적부터 춘하추동 더욱 밝고 맑은
쪽빛, 여든 아홉 개 봉우리에
뛰고 치솟는
촛대바위 언저리마다 깊게 환하다
울릉도의 발치에서 그리운 목소리
바람소리에 들릴 때마다
뱃전에 튀는 물살이 신호를 한다
직벽에 뿌리내린 우렁찬 독도
영원한 생명
세계의 중심인 한 점 뿌리다

레드 카펫

세상을 돌아 눈뜬 하늬바람
은밀한 시선으로 무거운 손을 잡는다
붉은 눈빛에 흔들리는
조바심이란 말 한마디
머리를 맞댄 또 다른 길목에서
묘연한 시간의 숲을 헤친다
한 번도 꿈꾸지 못한 경계선에서
허기진 관념 누더기처럼 버린다
눈빛보다 먼저 온 뜨거운
세상의 귀가 조리개를 조절한다
해명되지 않는 의문부호들이
레드 카펫처럼 찍힌 지문을 스크랩한다
우주를 관찰하는 허블 망원경은
통일전망대로 쏟아져내린다
경계를 허문 눈빛 하나
폭죽을 입에 넣고 굴리는 사이
젖은 가슴을 치대고 있다

상해를 지나며
– 백범 김구

기억의 한쪽 끝이 보인다
푸른 불빛은 신호등 너머로 돌아오고
남몰래 가슴 깊이 불태우다
망망대해 등대가 된 그대
한밤중의 은은한 갈대숲은
한 맺힌 안부를 서걱거린다
낭인은 그림자의 주인이 된다
구겨진 통행증을 쥔 갈대바람이
물비늘 선 선착장을 빠져나가는 동안
두 눈을 밝고 선 총구가 바람을 일으킨다
숨은 그림자를 쫓던 하늘이
눈 덮인 골짜기를 헤매는 사이
달을 건져올리는 듯
화염 속에 갈대숲으로 피어난다
흉상으로 떠오른
깊은 그림자가 아릿하다

제3부

궤도 수정

푸른 물갈퀴를 달고 눈빛은
등 뒤의 그림자를 응시한다
가슴을 풀어 인큐베이터를 관통하는
암호를 보낸다
독수리의 발톱을 숨긴 암호
공중부양 중인 시린 눈빛은
발기된 등내의 입술을 핥는다
물갈이 중인 정수기의 꼭지를 누르다
갈증을 탐닉한 눈빛 하나
등대 어깨너머로 타고 온다
수평선 너머 까치놀 같은
고속도로는 지금 시운전 중이다
먼 길도 천천히 가라는 경고문
지금 시동 중인 거울 하나
시간을 가만 비추고 있다

어떤 상처

귀먹은 잎들이 추락한다
자귀나무 아래 서성이던 바람은
기억 저편 이별 하나 물고 온다
먼 하늘은 깊은 눈동자에 내려앉는다
하염없는 피에로의 방황
저문 달무리에 스러지고 있다
먼 아픔이 다시 눈을 뜬다
거덜 난 상처는 한 번 더 덧나고
침묵하는 눈빛이 어쩌다 깊다
신발 한 짝 외롭게 뒤척인
가슴을 후벼 파는 입구이다
공허 속에 더 깊은 공허를 본다
어지러운 환상에 물어뜯긴
검은 이빨이 돋아나고 있다

독백

북반구의 행성에서 날아든 나는
점퍼 차림으로 허름한 시장을 헤맨다
대장간이 있는 골목에서
장어 지느러미가 묻은 손으로
해시계의 자폐한 시침을 돌린다
햇무리 속으로 비 개인 들판이 흐르고
지구의 변방에 쪼그리고 앉은 소주병 하나
낡은 샌들과 구두의 시간을 토막 낸다
발바닥에 달라붙은 담쟁이는
지상의 때 묻은 작은 창문을 연다
몽롱한 어둠이 초인종을 울리자
투명한 눈물자국이 선연하다
회색 하늘은 거리로 나와
검은 숲을 헤치며 기울어진다
빛바랜 담장이 넘어지고 있다

낯가림이 심한

몽롱한 여린 눈썹이 내려앉는다
뜨거운 입술을 삭히며 나는
그대 입안에 막대사탕 한 알 물린다
헝가리에서 온 벽안의 사내는
거울에 비친 제 모습을 뚫어지게 본다
백색 가면을 쓴 나는 동유럽의 바람과 맞선다
낡은 시간을 견디는 바오밥 나무 숲사이로
지중해풍의 등판이 치솟아 오르고
경련을 일으키는 팔뚝은 왼편으로 휘어진다
낯가림이 심한 독일제 승용차에 앉아
한 보헤미안의 산문집을 읽는다
빛과 어둠의 경계에서 얼굴을 감추는
시대의 풍속도를 짚어본다
달빛 지나가는 그림자를 확인한다

눈보라 속에서

무너진 빙벽 틈새에서
새가 날아오른다 바람처럼
푸드득거리는 날갯짓에
이팝나무 눈꽃이 화르르 떨어진다
상수리가지 끝에 흔들리는
서릿발 한낮이 선잠을 턴다
눈발에 젖은 기지개와 기지개 끝에
매달리는 고드름, 하품이 깊다
허공 가득한 진저리를 친다
눈발은 조금 더 기울어진다
손바닥에 감기는 고드름이 넉넉하다
중절모에 꽂힌 깃털을 뽑아 든
회오리바람이 이따금 피리를 분다
빙벽 한쪽 끝에 부리를 세운
새 날갯짓소리를 다시 듣는다
빙벽 저쪽 끝에서 허물을 벗은
눈꽃 사태가 지고 있다

화엄사 가는 길

마음 하나
댓돌 깊이만큼 가라앉히고 나는
지나가는 시간에 몸을 싣는다
내 귀와 풀잎이 만나는
낮과 밤의 경계를 지나간다
길 위에 길이 된 발자국
등 굽은 낯선 풍경이
붓다의 후광 일주문 아래 아득하다
주름진 시간과 주름진 걸음은
긴 그림자의 기억을 더듬는다
간절한 소망으로 벅찬 나는
내가 나일 수 없는 소리를 듣는다
전생의 인연이란 말을 듣는다
허공을 한 바퀴 돌아오는 설법은
미처 듣지 못한 영혼의 울림이다
향불 품고 앉은 무딘
가부좌, 댓돌 아래 시간을 묻는다

안나푸르나 산 15번지

네팔의 눈보라는 굴절된 공간에서
곡선을 그리며 떨어져 죽는다
얼떨결에 손바닥으로 머리를 가린다
아득한 산굽이 끝에서 무더기 바람이 일 때마다
빙벽을 깎는 해머 소리로 다그치는 눈발
나는 발자국 소리를 꺾는다
베이스캠프 지붕이 묻힌다
그의 입술은 눈과 포개져
물러설 곳 없는 마지노선을 긋는다
어둠은 빙벽에 부딪혀 또르르 굴러 떨어진다
눈보라를 풀어헤친 골짜기 가장자리
K2 구둣발로 빙벽을 문지른다
먼 곳에서 모여든 산과 산의 축제
뜯긴 창문이 삐걱거린다
설벽을 깨트리는 우렛소리가 난다
경계선은 비밀스런 눈덩이로 쌓은
사투라는 말에 힘겨루기 한다
낮은 보폭을 밟고 스쳐가는 폭설 한때
입술 반쪽이 잘려나간다

재개발지대 1

개발지역 사람들은
아직 개발하지 못한 이야기를 한다
바다 위 검은 구름은
흐린 징조라고 서로 말한다
흐리다가 개는 날이 있다고 말한다
산 능선에 꽂힌 깃발이
펄럭일 때마다 구름을 지운다
팔짱 끼고 앉은 이야기마다 서로 다른
긴 간이의자를 당겨 앉는다
권연 한 대씩 피운다
날개 퍼덕거리는 이야기만 주고받는다
이야기에 마침표를 찍고
헛기침 몇 번에 빈 하늘을 본다
어깨를 다독거리며 이윽고
고개를 세운 눈빛들이 몰려가는
산 능선 아래를 불도저가 깎아먹는다
십장이 다시 막대기를 꽂는다

재개발지대 2

벽을 등지고 살아온 욕망은
무수한 아라베스크를 그리며
두 개의 얼굴에 부딪친다
바람을 몰고 와 흩어지는
귀가 잘려나간 소리는
가파른 지붕을 타고 오른다
실핏줄이 번져나간 늙은 골목길은
퇴락한 입술을 날름거린다
두꺼운 가슴들이 무너진 쪽으로
살아나는 기억 몇 토막
치켜세운 미세먼지에 눈이 시리다
새벽 달빛은 차라리 젖은 가슴에 뜬다
건장한 사내들이 달려가고
건조기 버튼은 하염없이 무너진다
벽돌을 머리에 이고 신음하는 여인들
저마다 한마디씩
포클레인 이빨에 깨진다

잃어버린 시간

시야를 가린 가시덤불 사이로
지상의 꿈은
찢어진 진통을 먹고 바스러진다
손아귀를 벗어난 시간은
생애의 숨결을 별빛 아래 고르며
꺾인 꽃대를 쓰다듬는다
살과 뼈를 앞세운
회오리바람이 거친 숨을 몰아쉰다
도시의 긴 하루를 말아 올린
지구는 입술을 문지른다
침묵하던 악몽은 허공에 길을 내고
날개 돋아나는 한때를 운다
아득한 낭떠러지 끝으로 스러진
떠난 적이 없는 입속의 혓바닥은
깡마른 날을 흔들어 깨운다
시간 밖에서 나는
은밀한 길을 돌아온 아픔을 지운다
엷은 눈빛이 젖어든다

어떤 해탈

불모의 도시를 빠져나와
시작이란 이름의 매듭을 푼다
밤과 낮이 식별되지 않는
깊은 함정 속에서
기억을 지워버린 갈등에 골몰한다
체온을 채우는 푸른 입술의 욕망은
다른 눈빛 속 깊은 눈빛이 된다
건조한 그림자를 밀어낸 손끝마다
설법을 듣는 가슴이 거듭 아리다
더 이상 존재하지 않는 꿈속의 존재
등뼈를 곧추세우고 무릎걸음으로
이승의 계단을 짚어 오른다
침묵과 적막이란 말
꿈꿀 수 없는 해탈이란 말
침묵은 기어이 산문을 빠져나온다
입속의 가시를 잘라 낸다
비를 맞는 아귀들은
마지막 창문을 닫는다
먼 길은 꿈속에서 다시 본다

휴지론

두루마리를 풀 때마다
어쩔 수 없는 고뇌에 망설인다
백색 회로는 지상의 문을 연다
빈 가슴으로 밟는 경쾌한 스텝
부드러운 말을 삼키는 비명들이
대기권에서 이탈한 채 돌고 돈다
물 머금은 이별이 뜨락으로 낙하하는 동안
한 폭의 탱화가 윤회하는 입술에 매달린다
황량하게 치솟은 낮달 혼자
허공에서 밀어내는 꿈을 펄럭인다
검은 그림자를 잘라내는 메아리
쓸쓸한 길목의 낮달이 된다
세상의 얼룩을 지우는 절대고독
현과 현 사이를 넘나드는 소용돌이는 검푸르다
어쩌다 위안을 찾아 배회하는 나는
가냘픈 손가락으로 투박한 가슴을 헤집는다
점과 점을 잇는 선들이 정점으로 감아 오를 때
두 손을 모아 나의 정결한 사유를 가지런히 당긴다
나의 소리를 꺾은 울음을 거두고
공명을 향한 나의 지향점은 궤를 뜨지 않는다

뜬금없는 음색은 무수한 빛으로 번진다
익명으로 흩어지는 난무하는 손짓
나는 천천히 젖은 소리를 찾아 귀를 세운다

백로 이후

창백한 시선에 뜬
먼 깃발은 차디찬 발등을 스친다
문자보다 먼저 온 바람
추억에 잠긴 나를 변명한다
지나간 흔적을 꺼내어 어루만진다
슬픔을 새긴 시간의
쓰디쓴 지문은 이미 과거형이다
촉촉이 젖어드는 바람은
허공을 향해 날개를 퍼덕이며
늦은 비밀을 간직한 길에 난다
시간은 더딘 발자국을 산울림에 새기고
돌아오지 못하는 먼 길을 생각한다
길은 저 혼자 아득하고
우두커니 바라보는 먼 시선이 흐려진다
기울어진 손가락 틈새로
낡은 시간이 거듭 흔들리는 듯
저물고 있다

풍경 연습

지상의 몸살을 다 끌어 안으며
큰곰자리별이 되는 꿈을 꾼다
수천 갈래로 찢어진 표정을 매달고
카니발의 브레이크를 밟고 선다
우편엽서에 찍힌 주소를 확인한다
도시의 가자미눈들이 오른쪽으로 돌아간다
어깨를 접고 발톱을 숨기며 나는 괜히
느슨한 악셀 레이더를 급발진 쪽으로 밟는다
차창으로 천의 얼굴이 피었다지고
허리를 굽힌 수천 개의 가로수들이 쓰러진다
손가락 사이로 빠져나가는 팔차선 아스팔트
길바닥에 널브러진 신문기사는 가짜뉴스를 퍼뜨린다
눈 가장자리 안쪽 낙엽은 또 다른 계절로 기운다
평면과 공간이 넘나드는 직선 한계점에서
길의 지시등을 지운다

지금 외출 중 1

내 몸의 방향지시등은
아직도 이쪽과 저쪽으로 침묵중이다
세상 밖을 미처 내딛지 못한
정적이 계속되고
정조준되지 못한 시선은
소리의 영토에서 무량한 망막을 헤아린다
꿈꾸는 별의 영역에서는
절대 시간이 흘러가고
방향의 좌표는 그만 잃었다
반란의 시각을 장착한 별은
무한천공에서
하나의 지표만 들락거렸다
침묵이 유고된 공간에서 벗어난
방음벽은 힘없이 허물어진다
섬과 섬 사이 끓어오르는
욕망을 수시로 저울질한다
불타는 의리의 성이 빛날 때
사색은 무한 우주로 질주한다

지금 외출 중 2

술잔 속에는 핏기 잃은 구름과
두 눈의 섬광이 내 사유를 따라 흔들린다
잔속에 담긴 눈알이 흔들린다
실내 가득 젖어드는 구름구름구름
귀가 없는 얼굴이 자리를 편다
신이 떠난 자리는 공허하고
바람보다 먼저 와 닿는 공허는 눈부시다
탁자 위에는 허공을 가로지르는
구름자락이 하늘거리고
시작과 끝이 애매한 안개가 스멀거린다
인중이 긴 나는 술잔을 휘저으며
뜬금없는 구름을 건져올린다
때로 붓다를 떠올리고
때로 내 죽음이 회오리치는 것을 본다
술잔 속에 어리는 일기예보
구름처럼 몽롱하게 피어오른다

제4부

겨울의 사회학 1

베텔게우스 별들이 사위어 가는 팔차선 도로
성좌의 빛은 잠들지 않는다
경계하는 눈빛은 수면으로 내려앉고
오리온을 비추는 불빛은 철 지난 행적을 찾아헤맨다
시리우스 성좌에 긴 혓바닥을 밀어 넣자
태양계의 배수지에서 오로라가 피어오른다
오렌지색 지구본에 붉은 행성들을 진열하는 농안
먼 베링해의 물결 사이에서
편서풍이 휘몰아친다
하나씩 거센 파도 속으로 잠수한다
싸늘한 물보라에 질식한 북극의
포유류의 짐승들이 눈보라에 묻힌다
무의식의 계절풍이 지천으로 스쳐가고
뿌리를 내리지 못하는 일부변경선
무릎은 기어이 피사체로 남는다
깊은 한랭전선의 밤이 추락하자
휘파람새가 떼를 지어 날아오른다
정지되지 않는 영상을 짓밟으며
북국의 난기류가 쏟아져내린다
잠꼬대 속에 빠진 슬픈 계절을 침묵하며

어설픈 몽타주가 된 나는
퍼붓는 폭설 바다에 불을 지핀다

겨울의 사회학 2

도시를 버리고 허공은
진눈깨비의 심장을 풀무질한다
그 깊은 산등성이의 무딘 어둠
휘몰아치는 시간 속에 나를 가둔다
길을 잃은 길은 창밖을 배회한다
되돌릴 수 없는 눈발은 숲을 헐어낸다
바람은 방랑자의 목덜미에서 서성거리고
천애의 절벽 앞에서 자폭한다
묵시적 시선은 언제나 회오리치고
정지된 공간은 한층 부풀어 오르면서 돌아선다
나는 맨몸인 채 카오스의 저편
도도하게 쓰러지는 평원을 굽어본다
밤의 영혼이 꿈을 삿대질하는 동안
벗은 그림자 혼자 짐승처럼 어슬렁거린다
그대 등뼈가 달구어지는 동안
나는 마르지 않는 발자국을 남기며
눈보라 속에 깊이 묻힌다
오금 저린 내가 산맥을 휘도는 사이
폭설경보는 호시탐탐 길을 가로막는다

겨울의 사회학 3

실버 코드의 시간을 지난 나는
몽롱한 허공을 날아오른다
그녀에게 날개깃 하나를 내준다
진한 커피향이 목젖을 간음하는 동안
상현달에게 날개깃 하나마저 내준다
진한 개옷나무가 은근히 가늠하는 동안
환상의 별빛은
36만 년 화석 앞에 서서 나를 본다
변방으로 밀려난 붉은 은하수를 걸치고 나는
깃털을 꽂은 구름 속에서 어둠을 밀어낸다
무릎 꿇어 날개를 어루만지는
담금질하던 손목으로 자화상을 휘갈긴다
젖어드는 허공의 변두리에서
가면을 쓴 채 빗줄기를 예감한다
가슴에 품은 등받이가 솟구쳐 오르고
그림자를 지운 낡고 지친 손목에서
마르고 뒤틀린 육신이 재생된다
장막이 된 눈은 끊임없이
몽상을 멈추고 각성한다
살벌한 지평이 눈을 뜬다

겨울의 사회학 4

긴 유성의 꼬리를 단 나는
도시의 적막을 품고 앉는다
한낮 동안 수면을 취하던
포구의 불빛이 수면 위로 구르자
무인도 백사장에 나는 버려진다
물비늘 선 침묵은 바다로 빠져든다
끝없이 고개 숙인 옹색한 변명도
무심한 심해 어디쯤에서 흔들린다
거센 조류 속에서 저항하는
썰물이 빠져나가고 불가사리가 눈을 뜬다
훌쩍 떠나버린 안개가 몰아치면
한 자락 물살에 상처로 얼룩진
뜨겁게 달구는 파도의 울음이 들린다
제 살 찢어 흔들다 혼절한
세상은 이윽고 속살을 드러낸다

겨울의 사회학 5

내 안에 깃든 성지는
별빛으로 새긴 기억으로 살아있다
허리를 펴고 일어서는 밤은
시샘하는 늪에서 커튼처럼 펄럭인다
복면한 눈은 지구의 정수리를 밀어올리고
자유를 시샘하는 낡은 시간이
헤픈 바람을 벗어 던진다
아득한 곳에서 초인종이 울리며
환상의 껍질을 깨고 천천히 걸어나온다
목도리를 한 살바도르 달리는 그림 속에서
염소와 내 눈의 초점을 잇고 있다
정지 신호에 깃든 비밀번호는
풀어놓은 자리에서 한계를 벗는다
우주는 등대의 불빛마저 외면하고
파도에게 들킨 모호한 물보라를 적신다
한밤의 정적을 거느린
잠수한 별들을 끌어올린다

겨울의 사회학 6

안경을 벗어든 나는
무량수전 벼랑 끝에 선다
렌즈를 풀었다 조이면서
한낮의 탐욕을 닦아낸다
시선 밖의 세상을 바라보는 풍경
도시는 허영을 둘러쓰고 기척이 없다
둥글게 말아올린 물방울이
심장을 풀어놓은 말은 하염없이
달빛 속으로 사라진다
절집 모서리를 지워버린 묵시는
허정의 넋이 되어 내 앞에 다가선다
나를 두고 말하지 않는 풀잎들은 몸을 바꾸어
지평 끝자락까지 밀려온다
산등성이 따라 바람이 가슴을 적시는 오후
허공을 딛는 발이 구름에 묻힌다
바위틈 사잇길을 돌아
원응국사의 흔적을 찾아
조사당으로 오른다

겨울의 사회학 7

햇살이 머무는 자리에서
푸른 하늘을 등지고 있는 나는
커튼도 없는 창가에서
커피잔을 들어올린다
도시의 소음에 깊은 사유를 묻는
왈가왈부에 안부를 묻는다
마른 눈물자국이 어제 오늘을 지우고
이별 뒤의 아픈 악몽을 닦아낸다
높새바람에 동승한 시린 옷자락을 여민다
태초의 왈가왈부마저 삭힌 비밀 하나를 묻고
긴 손톱을 세운 겨울나무 가지를 생각한다
탈선한 회오리가 잠적하는 시간 틈에서
내 생의 침체된 의문을 헤아린다
뒤돌아 설 수 없는
세상의 끝을 밟으며
겨울이 지나가는 마디마디 촉수를 다그친다
깊은 절망에 빠져드는 한때
먼 길 돌아 등 뒤에 앉아
누군가의 손길이 된
발자국 따라 끝나지 않는 길에 선다

손사래를 치다만 난파선은
방향을 잃고 흔들린다

겨울의 사회학 8

판화 속에서 눈을 뜬 너는
달빛에 잠겨 어리둥절한
세상을 묻는다 누구냐는 물음
끝없이 밀려오는 그리움을 묻는다
꿈을 찾아 헤매는 그림자 같은
조각난 하늘은 퍼즐에 잠겨있다
붉은 눈시울 적시는 낙엽은
송두리째 뿌리로 돌아간다
바닷가를 어슬렁거리는 출렁이는 밤
촛불처럼 깜박거리는 빛살이 깊다
먼저 온 순간은 물소리를 벼리고 간다
무리 지어 날아오르는 하루살이들
낮은 날갯짓으로 집적거린다
길은 한층 더 어두운 지평을 베고 눕는다
밤낮을 찾아 방황하던 너는
지친 골목에서 늦은 새벽을 길어올린다

겨울의 사회학 9

초벌구이로 양념하는 동안
벌거벗은 몸통들이 짧게 뒹군다
기억할 수 없는 출렁이는 바다
굽은 등뼈를 세워 눕는
열반의 시간은 불꽃에 다시 핀다
밤공기 속에 전신을 훑는
눈물방울이 속살을 드러낸다
그대의 동공이 잠깐 젖는다
휘몰아치는 폭풍의 계절 속에서
어기차게 유영하던 날
기슭도 없는 해저 그 밑바닥의
뜬금없는 한때가 어리둥절하다
하얀 속살을 드러낸
퍼덕이던 생은 멀리 있고
입안 언저리를 간질이는
또 다른 생의 막다름이 된 회오리
혓바닥에 간질간질한 벽을 쌓는다
경계 없는 물살이 몸 바꿈을 하는 동안
젓가락 끝에 꿈틀대는 바다
수런거리는 해탈이 깊다

겨울의 사회학 10

만월을 보지 않으면
꿈꿀 수 없다는 그대
영원한 달빛으로 조각상 앞에
만월이 되어 있다
하얗게 질린 얼굴로 무릎 꿇지 않는
선명한 윤곽의 선이 아름답다
침묵하며 뜨거운 손 마주 잡는다
서쪽으로 시선을 꽂는
밤낮이 따로 없는 이목구비
봄비에 물든 싹이 파랗다
오래전 가지를 자른 나무는
맞부딪치는 바람으로
어지러운 눈매에 매운 영혼으로 자란다
구름에 묻혀 아득한 달빛은
푸른 상처의 몸부림이 된다
그림자를 지우며
시나브로 사라진 그대
은밀한 언어로 자라는 바람이 된
밤새 한 마리 하늘에 뜬다
더 깊은 하늘로 날갯짓한다

우포늪 가시연꽃

붓을 꺾었다는 화가는
구도가 어긋난
필묵筆墨 이전의 몸짓을 한다
언덕길에서 테네시의 왈츠를 듣는
귀를 빌린 발이 스텝을 밟는다
화석처럼 굳어가는 혓바닥이 풀리고
껍질 벗긴 수목은 다시 수액을 밀어올린다
구도가 어긋난 길이 트이고
밤마다 밀실에서 교환하는 신음소리
닫힌 혓바닥이 날름거린다
붉은 도기에 얼굴을 그려 넣고
광대보다 앞선 칼춤을 춘다
수천 년을 밀어 올린 꽃 한 송이
혀 깨문 입술이 새삼 붉다

그리운 숲

어둠 속에서 꿈을 깬다
골 깊게 쓸어내리는 소나기 한 줄기에
지상의 풍경은 표정을 바꾼다
숲은 마을의 가장자리에 둥지를 틀고
쇠망치 치는 소리로 우는 휘파람새
객지 바람은 때로 거칠다
쓰디쓴 눈물을 삼키던 그해 여름
거친 길 하나에 빗금을 친다
눈썹 끝에서 다정한 안부가 날아들고
담벼락의 달빛은
옛집 그림자를 밟고 지나간다
달빛에 잠긴 얼굴 하나
구름을 밟고 가는 바람을 본다
내 안에서 세차게 불어온
열아홉에 떠난 물수제비뜨던 강물
물푸레나무 깊이 걸려 있다
워낭소리 같은
먼 기억을 다시 듣는다

아네모네 꽃 한 송이

살아 있는 풍경들이 떨리는
햇살에 기지개 켜는 열차가 지나간다

먼 귀향길이 입질하는 혓바닥
종종걸음친 종착역 계단
기울어진 그림자가 다시 일어선다

밤공기에 젖어 콧날 시큰거리는
보도블록 그늘에 묻힌
내 깊은 기억은 먼지 낀 옷자락에 휘감긴다

시간 너머로 사라진 길을 접고
망가진 벤치 모서리에 걸터 앉는다
고양이 울음소리로 각인된 유년이 살아난다
어떤 부대낌에도 무릎 꿇지 않는다

세상을 돌고 온
검은 망토 자락이 발치에 밟힌다
아네모네 꽃 한 송이
언제 피었는지 아득하다

가을비 온다

창문을 지나가며 비는
23층에 걸린 나뭇잎을 적신다
선풍기가 돌아가고 빨래가 말라가는 동안
나도 덩달아 젖는다
빨간 고추가 쪼그라들고 있는 베란다
불어터진 무말랭이는 면발 같다
가습기 등살에 잎이 마른 꽃대
하얀 뿌리를 수염처럼 쓰다듬는다
티브이에는 살아있는 지구 다큐멘터리
화면 가득 붉은 사막 뜬다
몸을 둥글게 말아 언덕을 굴러가는 거미를 본다
악어 한 마리는 공기청정기 위에 있다
가습기 쪽으로 바라보는
백호 도자기가 문 쪽을 향해 있다
사기그릇들이 지나온 흔적들을 말하고 있다
체중계의 눈금은 허리띠 줄어든 만큼 이동한다
에어컨 바람이 좌우상하 회전하는 동안
내 몸은 다시 젖어든다
어떻게 날아들었는지
창문에 붙어있던 나뭇잎이 비에 떨고 있다

가습기 뚜껑을 열어본다

빈집 1

소리 방향으로 돌아눕는다
멈춰버린 밤은 마른 꿈을 말아
베갯잇에 떨어진 꽃잎 수를 뜬다
붉은 입술을 말린 가발은
불 머금은 인두로 가슴을 밀어올린다
이승의 날개를 접은 나는
연금술사의 손으로 하루치의 시간을 묶는다
두 다리를 펴고 허공에 누운 몸이
하얀 치아를 들어낸 채
굵은 빗방울로 떨어진다
깃털 하나가 날개를 퍼득이자
추락한 현장이 불을 켠다
달 위를 걸어가던 늙은 사자는
아프리카 밀림을 탐험하고
나는 머리카락을 뽑아 가발을 만든다
세상을 등진 꿈이 가슴에 찍힌다

빈집 2

밤공기를 빠져나가는 소리가 있다
날치 떼는 리듬을 타고
혹시나 암내를 밀어올린다
하이에나는 말문의 꼬리를 자른다
푸른빛이 차단된 식탁에서
차가운 등을 드러낸 여우
야광 테이프로 눈을 가린 채
가시에 걸린 목을 길게 뺀는다
숨은 발톱이 눈을 뜬다
홀로 뜬 달무리는 별자리를 헤아린다
문고리를 안으로 걸고 앉아 나는
탕국을 휘젓는 젓가락으로
소금 농도를 맞추는 저녁을 맞는다
촘촘한 살 속에 박힌 뼈를 드러낸
남빛 물고기 한 마리가 납작 엎드리고
나는 엎드린 등뼈를 발라낸다

동굴 여행

쇼베 몽다르크 동굴 벽화
신비로운 그늘을 헤치고 나는
전생을 찾아 벽면을 더듬는다
손도장에 찍힌
대륙 저쪽 잉카문명은
손금의 생명선과 만나
지구의 한쪽 끝을 밟고 일어선다
부양한 회로에서 벗어난 횡단은
은하계를 배회하는 신의 영역
해독할 수 없는 항로를 도장 찍는다
행성은 방황하는 꽃이 되고
은빛 허공에서 안개로 부활한
전설의 도시는 불탄다
수많은 어깨를 부딪히던
우왕좌왕 스러진 오리무중의 비애
몸에 엉겨 붙은 푸른 문신을 빡빡 지운다
황홀한 눈빛으로
한 생애의 발자국을 그려 넣는
적막한 동굴의 한쪽 끝은
내 전생의 행선지가 되고 있다

나의 그림자

어항 속의 금붕어는
햇살을 받으려 날개를 편다
튀어오른다
빨간 풍선이 오른쪽 눈을 깜박거리는 동안
가을 하늘은 하얀 갈대숲을 흔든다
얼굴을 스치며 구름이 지나가고
나는 내 운명을 만들지 못한다
금붕어의 꼬리를 따라 엷은 포말이 물 위에 뜬다
잃어버린 나를 찾아 나선다
햇볕은 그네를 타는 놀이터에 앉아
내 몸 뒤쪽에 서 있다
태양은 나의 그림자만 남기고
난처한 웃음 속의 나를 찾지 못한다
안개 속 세상에서 방황하는 나는
홀로 말할 수 없는 빛의 경계에 선다
내가 자랄 수 없는 내 가슴
시소에 앉은 건너편의 나를 모른다
속을 알 수 없는 나의 오른편을
깊은 물살이 때리며 간다

해 설

현대의 삶에서 파생되는 몽상적 이미지들

최휘웅 시인

현대의 삶은 어딘가 부박하다. 자본재에 끌려 다니는 욕망, 기계문명의 편의성에 매몰된 의식의 척박함 등이 이 시대의 삶을 구성한다. 특히 도시 삶의 근저를 이루는 과학과 기술은 속도와 경쟁의 메커니즘을 양산한다. 김검수 시인의 시편들은 이런 삶에 함몰된 의식의 지평을 열어 보이고 있다. 인간의 진정성에 대한 회의와 불안, 초조, 정처 없이 떠도는 심리 현상들이 보인다. 연작시 「블랙박스」나 「사회학」 등에서 표출되고 있는 의식이 바로 그것이다.

김검수의 이 번 시집 『겨울의 사회학』에 내재된 중요한 특징 중 하나는 언어가 환기하는 상상력의 문제다. 가스통 바슐라르는 상상력을 역동적, 물질적, 원형적 상상력으로 분류한 바 있다. 물질적 상상력이 존재태存在態에 대한 인식과 관련된 상상력이라면 원형적 상상력은 시공을 초월하여 수많은 작가들에게 보편적으로 나타나는 이미지들을 말한다. 이와 달리 역동적 상상력은 인간의 힘, 욕망, 의지력에 의하여 물질에 새로운 변화를 촉발하는 상상력이다. 바슐라르에 의하면 역동적 상상력은 개방적인 경험, 새로운 경험을 갖게 하며, 비현실의 기능으로 선험적 환상학에 이르게 한다.

김검수 시의 언어는 상당한 역동성을 지닌다. 시공을 초월한 이질적인 언어들의 결합은 환상까지는 아니라 하더라도 현상들을 현상으로만 한정시키지 않는 역동성이 있다. 분명 그의 시가 현대의 삶이 안고 있는 모순을 담고 있는데, 딱 부러지게 현실비판에 무게가 있다고 보기는 어렵다. 그는 비판적 판단을 되도록이면 지우려 한다. 오히려 현실 초월적인 의지의 힘이 더 강하다. 이런 의지의 힘 때문에 현상은 비실재적인 세계로 비약한다. 일견 현실에 맞지 않는 엉뚱한 언어구사가 고개를 갸우뚱거리게도 하지만, 그런 화법이 상상력의 폭을 입체화하고, 역동적인 이미지를 구축하는데 성공한 경우도 있다.

김검수 시의 시적 공간은 도시다. 도시 삶이 갖고 있는 병리현상들이 의식적이든 무의식적이든 그의 시에 개입한다. 10편으로 된 연작시 「블랙박스」에서 집요하게 그리고 있는 것이 바로 그것이다. 속도와 경쟁이 치열한 도시의 속성이 극명하게 드러나는 고속도로를 배경으로 인간소외와 인간 파괴의 현상들을 진술한다. 제목 「블랙박스」는 정체된 고속도로에서 앞으로 나갈 수도 되돌릴 수도 없는 절박한 자의식의 세계를 상징한다. 그의 시는 도시에 갇힌 현대인의 의식선상에서 파생하고 있는 상상의 파편들을 질료로 한다. 그의 시의 이미지들은 탈출구를 찾지 못하고 강박 속에서 부유하는 현대인의 의식과 맞물려 있다.

> 백미러를 응시하며/ 신의 눈동자를 거듭 헤아린다/ 사각지대를 밀쳐 내고/ 고정된 관념과 암시를 생각한다/ 거리를 해킹당한 나는/ 얼굴을 가리고 방향 지시등을 지운다/ 일방통행을 떨쳐낸 보도블록은/ 풀무질하던 가슴과 동행한다/ 순간포착에 과속 페달을 밟으며/ 한편으로 기우는 눈의 초점을 세운다/ 반쯤 풀린 동공은/ 급브레이크에 조여든/ 안전벨트를 풀어 헤친다/ 쏟아지는 졸음을 갓길에 밀어 넣고/ 견고한 눈시울이 벌이는/ 가변차선을 모자이크 한다
>
> – 시「블랙박스 1」전문

이 시의 시적 자아는 도로를 달리고 있다. 백미러에 시선을 고정한 채 한껏 긴장되어 있다. 언제 어디서 닥쳐올지 모를 위험에 대비하여 정신 줄을 놓치지 않으려 안간힘을 쓰는 시적 자아의 모습이 역력하다. 운전대를 잡아본 사람이라면 누구나 경험할 수 있는 심리현상. 운전할 때 겪게 되는 불안, 초조, 긴장의 심리적 변화를 이미지화 하여 표현하고 있다. 운전자의 눈은 돌발적이며 순간적인 미세한 움직임까지 포착해야만 한다. 그래서 운전자의 눈은 '신의 눈동자'란 언표가 가능한지도 모르겠다. 조금은 자조적인 어감으로 다가온다. 한참 달리다보면 거리에 대한 감각이 무디어지기 마련인데,

이런 심리변화를 '거리를 해킹당한 나'로 진술한다. 여기서 목적어와 서술어가 상식을 초월하여 결합되어 있다. 일상어인 '길'과 컴퓨터의 전문용어인 '해킹'의 결합은 비상식적인 호응이지만 시에서는 시적 상상력을 확장하는 기능을 한다. 이런 형태의 낯설게 하기의 표현은 김검수 시에 자주 나타나는 중요한 특징이다. 자동차는 현대인의 삶에서 일상화된 생활수단이다. 자동차는 보다 더 빨리 목적지에 도달하게 하는 편리한 문명이기이지만, 이 수단이 인간을 긴장과 초조의 일상 속으로 몰아넣는다. 삶을 파괴하는 경우도 많다.

> 플래카드를 낚아채는/ 목격자는 저만치 물러난다/ 낮술에 젖은 혓바닥이/ 비상등을 켜는 듯 접는다/ 가변차선 너머로 일보 후진한다/ 궤도 밖으로 밀려 난/ 악다구니는 저만치 정지선을 비켜간다/ 무수한 진술을 쏟아내며/ 과거의 기억을 저울질한다/ 굳은 몽타주가 화석처럼/ 거리 한쪽에 비스듬히 기운다/ 목발을 짚고 횡단보도를 건너던 여자는/ 어둠 입구에서 어둠을 운다/ 허공에 꽂인 머리칼이 펄럭이고/ 아픈 속살이 스키드 마크에 찍힌다/허기진 눈빛을 두리번거린다/ 충혈된 파편을 허공에 찍는다
>
> – 시 「블랙박스 7」 전문

자동차 사고는 매일 뉴스에 나올 정도로 일상화 된 것이 현실이다. 문명의 이기가 때로는 흉기로 돌변하는 순간, 순간을 우리들은 간헐적으로 목격한다. 이 시는 사고 현장에서 가해자이거나 피해자, 또는 목격자들이

각자의 입장에 따라 반응하는 의식들이 명멸하듯 펼쳐진다. 이 때 화자는 냉정한 태도로 현장을 훑고 있다. 흥분하거나 경악하지 않는다. 사건에 직 간접적으로 관련된 인물들의 행동양식을 이미지로 표현하는 시적 태도 때문에 그렇게 느껴지게 되는지도 모른다. 이 시가 소재적인 측면에서 보면 문명비판적인 시로 읽혀지는데, 이미지란 우회적인 표현방식 때문에 화자의 판단이나 고발정신은 괄호 안에 들어갈 수밖에 없다. 이 시는 다분히 회색적인 분위기를 연출한다. 사고현장에서 곧잘 목격되는 서로 삿대질 하며 퍼붓는 악다구니도 이미 '궤도 밖으로 밀려난' 공허한 메아리다. 나서려다 뒤로 물러서는 목격자의 우유부단한 태도, 사고에 대한 무수한 진술도 '굳은 몽타주'로 '화석'이 되고, 피해자인 목발 짚은 여자는 '어둠의 입구에서 어둠을 우'는, 이런 분위기는 회색 톤의 우울한 영화 장면을 연상시킨다. 음향이 거세된 화면처럼 감정이 매몰된 현대인의 자의식을 이 시에서 읽게 된다. 김검수 시인은 이런 비인간적인 삶의 공간을 시 「블랙박스 10」에서 '고장난 도시'로 명명한다. 이런 명명은 꽉 막힌 도시 삶의 한계상황을 함축한다.

김검수 시인의 관심은 도시 삶의 한 축인 소외된 계층의 삶으로 옮겨가고 있다. 시 「산복도로」에서 그 일면을 엿볼 수 있다. 가난하지만 인간적인 체취가 묻어나는 시다. 연작시 「블랙박스」는 감정이 이완된 도시의 삶, 인간성이 파괴되고 있는 현장을 드라이한 시선으로 포착하는 탈 서정의 세계다. 그러나 시 「산복도로」는 현대 도시 문명이 구가하는 물질적 풍요와는 거리가 먼, 도시의 중심에서 밀려난, 어둡고 절망적인 상황으로 내몰린 삶이지만 그래도 인간과 인간 사이에 아직 연민 같은 것이 남아 있는 서정의 세계다.

> 바람에 길을 묻는다/ 숨소리조차 들리지 않는/ 혼돈의 밤은/ 어둠을 껴안고 지나간다/ 까마득하게 가고 있는 천마산 비탈길은/ 어둠을 짓밟는 구둣발에 갇힌다/ 좁은 어깨를 맞대고 살아 온/ 모로 누운 영혼들이/ 쪽방마다/ 허리를 서로 기대고 있다/ 기력을 다해 벗어난 야윈 비탈길/ 눈물을 겨우 말리고 있다
>
> – 시 「산복도로」 전문

산복도로도 분명 도시를 구성하는 한 부분이다. 그러나 도시의 풍요를 누리지 못하는, 소외된 계층을 대변하는 말이기도 하다. 도시마다 산을 끼고 가는 가파른 길이 있고, 거기에는 가난한 자들의 헐벗은 삶이 있다. 그들은 힘든 하루의 일과를 마치고 지친 영혼을 달래기 위하여 이 비탈길을 오른다. 이 시는 '천마산 비탈길'을 배경으로 한 주변적인 삶의 비애를 담고 있다. 이 시에서 '바람에 길을 묻는다.'는 언표는 산을 오를 때의 힘든 심리적 상황을 암시하고, '혼돈의 밤'은 미래가 보이지 않는 암담한 현실을 상징한다. '쪽방'이 가난을 의미한다는 것은 누구나 쉽게 알 수 있다. 그 쪽방에 '모

로 누운 영혼들이' '좁은 어깨를 맞대고 살아 온' 존재로 화자는 인식한다. 가난하기에 서로 몸이라도 의지하며 살 수밖에 없는 인간적인 정황을 말한 것이지만 화자의 서정적인 눈이 느껴지는 대목이다. 어쩌면 김검수 시인은 물질적 풍요와 욕망이 범람하는 도시에서 찾지 못한 휴머니티를 외각으로 밀려난 빈자의 생에서 찾고 있는지도 모르겠다.

김검수의 이 번 시집에서는 연작시가 유난히 많은데 「사회학」이란 제목 아래 11편, 시집 표제시 「겨울의 사회학」까지 합치면 21편이 된다. 시의 제목으로 학술적인 용어를 끌어들인다는 것이 선뜻 납득이 되지 않았다. 이 추상적 관념어가 시적인 정감과는 거리가 멀기 때문이다. 상상력이 추구하는 이미지의 미학과 사회학이란 학술적인 관념 사이에 동심원을 찾는 일이 쉬울 것 같지 않았다. 사전에 의하면 사회학은 사회관계의 여러 현상 및 사회조직의 원리, 법칙, 역사 따위를 대상으로 하는 학문으로 정의되고 있다. 그렇지만 이 시들이 이런 학문적인 목적을 가지고 있는 것은 아닐 것이다. 그렇다면 왜 김검수 시인은 이 용어를 시의 제목으로 차용했을까? 그런 의문은 시를 읽으면서 어느 정도 해소가 되었다. 그의 시적 모티브들이 현실에서 파생하는 사회현상과 관련이 있고, 그의 시적 상상력이 그런 모티브를 기반으로 생성되고 있다는 점에서 일정 부분 수긍이 간다. 그렇지만 김검수 시인은 사회현상을 있는 그대로 그리지 않는다. 그의 시각은 리얼리즘적이지 않다. 현실에 천착하지 않는다. 그의 시의 이미지들은 상당히 비약적이다. 현실과 비현실의 경계에서 그의 시는 발화한다. 사회현상과 시인의 내면의식이 중첩되는 양상으로 이미지들이 역동적으로 펼쳐지기 때문에 그런 느낌이 더 강한 것이 아닌가 싶다.

> 낡은 골목길에/ 낯선 영혼이 허옇게 서 있다/ 파란 넥타이는 걸어나온다/ 꽃살문 꿈을 꾼다/ 깃털을 탐하던 낡은 길목은/ 지층과 지층 사이 어둠을 갉아먹는다/ 검은 발톱을 삼킨 한쪽 눈알은/ 진홍색 커튼을 젖히고 내 팔목을 잡는다/ 윤회로 얽은 한 때가 지나간다
>
> –「사회학 1」 전반부

'낡은 골목길'과 '낯선 영혼'의 관계는 현대의 단절된 인간관계를 암시한다. 낡은 골목길은 오래된 길이고, 그 길에 수많은 사람들이 나타났다 사라지지만 서로 늘 낯이 설다. 교감이 없는 관계는 늘 스쳐도 삭막하다. 무감정, 무감동의 석고화 된 인간의 내면을 영상화한 것이 '낯선 영혼이 허옇게 서 있다'이다. 여기서 '파란 넥타이'는 출근하는 셀러리맨을 연상시키는 대유적 표현이다. 여기까지는 현대인의 단면을 떠올리게 한다는 점에서 어느 정도 현실 재현으로 볼 수 있다. 그러나 그 다음부터는 상당히 비약적인 이미지들이 열거된다. 물론 인간관계에서 오는 내면의 분출이긴 한데, 지나치게

몽상적이다. '검은 발톱을 삼킨 한쪽 눈알은/진홍색 커튼을 젖히고 내 팔목을 잡는다' 는 이미지는 섬뜩할 정도로 강박적이다. 현대인의 내면에 자리하고 있는 불안, 공포의 심리현상을 반영한 것이기도 하다. 현대 자본주의는 재화를 얻기 위한 투쟁과 경쟁으로 인간을 내몬다. 그로 인하여 인간관계는 삭막해지고, 이런 사회에 적응하지 못한 현대인들은 불안과 강박의 심리적 공포 속에 있다. 연작시 「사회학」은 사회심리학적 관점에서 인간의 내면을 추적하고 있다고 볼 수 있다. 그래서 현실과 몽상이 겹치는 시의 구도를 만들어낸다. 이 때 현실과 몽상 사이에 내적 필연성을 획득하지 못하면 시는 설득력을 잃게 된다는 점에 유념할 필요가 있겠다.

시집 『겨울의 사회학』은 인간성이 매몰되고, 좀체 탈출구가 보이지 않는 도시의 삶에 대한 비판적 시각이 담긴 시들이 중심을 이룬다. 그것도 여러 편의 연작시 형태로 많은 분량을 차지한다. 그런데 이번 시집에는 현실 초월적인 의지가 엿보이는 시편들도 상당수 있다. 「퍼즐 읽기」, 「눈보라 속에서」, 「독백」, 「어떤 해탈」, 「명상에 대하여」. 「화엄사 가는 길」, 「동굴 여행」, 「지금 외출 중」 등의 시들이 이에 해당한다. 현실이 각박하면 각박할수록 그것으로부터 벗어나고자 하는 정신운동 또한 불가피한 현상일 것이다.

> 잠든 나를 깨운/ 지난날이 손바닥을 턴다/ 불시착한 붉은 노을은/ 달의 지문을 뭉그러뜨린다/ 이승의

문턱을 넘으며 나는/ 비껴간 영혼의 중심을 목격한다 / 허공의 틈새에서 서성거리는/ 의식은 왠지 무겁다 / 사천왕의 입술이 중후하게 흔들린다/ 내 눈을 내려다보는/ 너의 굽은 혓바닥이 맨발로 걸어나온다/ 무수한 별빛이 걸려있는 정토/ 산자락의 푸른 눈빛은 반쯤 젖어있다/ 숨결을 몰아쉬며 하늘을 보는 나는/ 법멸을 되새기는/눈 끔벅거리며 하늘을 본다

– 시 「퍼즐 읽기」 전문

시 「퍼즐 읽기」는 생과 사에 대한 사유를 바탕으로 한 이미지들이 주축을 이룬다. 시적 관심이 현실의 각박함에서 삶과 죽음에 대한 형이상학적인 사유로 옮겨가고 있음을 알 수 있다. 어쩌면 삶과 죽음의 문제는 아무리 풀려고 해도 풀리지 않는 수수께끼와 같은 것이다. 인류가 오랫동안 탐색하고 궁구하면서 답을 찾고자 했지만 아직도 미궁 속에 있다. 그렇기에 종교나 철학의 이름으로 펼쳐 놓은 수많은 삶과 죽음에 관한 생각들이 일종의 퍼즐 맞추기와 다름이 없다는 인식을 깔고 죽음에 관한 나름의 상상을 하고 있다. 현실에 절망한 자들이 곧잘 종교에 귀의함으로써 현실극복의 의지를 구하는 사례와 동일선상에서 이 시가 읽혀진다. 이 시에서 '잠든 나를 깨운'다는 불교적인 깨달음의 정신을 암시하는 언표다. 강렬한 이미지 '불시착한 붉은 노을'은 깨달음의 순간성, 불예측성과 관련이 있다. '달의 지문을 뭉그러뜨리는'의 이미지는 어느 순간 뜻밖에 찾아온 깨달음이 부질없는 삶의 흔적들을 지운다는 의미를 내포한

다. 이 때 비로소 시적 자아는 '이승의 문턱을 넘으며' '비껴간 영혼의 중심'을 보게 되고, 현실 초월의 지점에 놓이게 된다. 이승과 저승의 경계에서 떠도는 의식과 '별빛이 걸려 있는 정토' 곧 극락에 대한 열망, '법멸' 의 불교정신에 이르고자 하는 의지가 이 시의 내용이다.

현실에 절망한 자들이 곧잘 종교를 통하여 구원을 얻고자 하는 경향이 있다. 종교에 귀의함으로써 현실의 멍에에서 벗어나고자 한다. 김검수 시인은 주로 불교적 사유를 통하여 생사를 초월하고자 한다. 시 「퍼즐 읽기」 외에도 「화엄사 가는 길」, 「명상에 관하여」, 「어떤 해탈」 등이 불교적 관념을 드러내는 시들이다. 시 「어떤 해탈」에 의하면 현실은 휴머니즘이 죽어가고 있는 '불모의 도시'이고, 그로부터 벗어나기 위하여 화자는 절을 찾는다. 그는 법당에서 법문을 들으며 해탈을 꿈꾼다. 해탈은 이승의 모든 연을 끊었을 때 얻어지는 정신의 한 지점이다. 시 「화엄사 가는 길」에서 화자는 '내가 나일 수 없는 소리를 듣는다/ 전생의 인연이란 말을 듣는다/ 허공을 한 바퀴 돌아오는 설법은 /미처 듣지 못한 영혼의 울림이다'라고 진술한다. 불교에 심취한 정도를 가늠할 수 있는 말이다. 스님의 설법은 나를 버린 무아의 경지나, 오늘을 있게 한 전생의 인연에 관하여 설파하고 있는데, 이 설법을 통하여 화자는 영혼의 울림, 곧 법열의 경지에 들게 됨을 진술한 것이다. 이 순간만은 각박한 현실로부터 벗어나 있다. 김검수 시인은 탈현실, 현실 초월의 의지를 불교적 사유에 기대어 구현하고 있다고 볼 수 있다.

> 무너진 빙벽 틈새에서/ 새가 날아오른다 바람처럼 / 푸드득거리는 날갯짓에/ 이팝나무 눈꽃이 화르르 떨어진다/ 상수리가지 끝에 흔들리는/ 서릿발 한낮이 선잠을 턴다/ 눈발에 젖은 기지개와 기지개 끝에/ 매달리는 고드름, 하품이 깊다/ 허공 가득한 진저리를 친다/ 눈발은 조금 더 기울어진다/ 손바닥에 감기는 고드름이 넉넉하다/ 중절모에 꽂힌 깃털을 뽑아든/ 회오리바람이 이따금 피리를 분다/ 빙벽 한쪽 끝에 부리를 세운/ 새 날갯짓소리를 다시 듣는다/ 빙벽 저쪽 끝에서 허물을 벗은/ 눈꽃 사태가 지고 있다
>
> — 시 「눈보라 속에서」 전문

시 「눈보라 속에서」는 명징한 감각적인 언어로 자연현상을 생동감 있게 표현한 순수시다. 이번 시집에서 드물게 보이는 시 경향인데, 다른 시에 비하여 이미지의 집중도가 강하다. 삶의 고뇌나 아픔, 부조리한 현실 등은 전연 보이지 않는다. 그런 면에서 이 시 또한 탈현실을 꿈꾸고 있는 시로 볼 수 있다. 눈보라란 자연현상을 경이롭게 바라보고 있는 화자의 눈을 느낄 수 있다. 역동적인 이미지들이 장엄한 눈보라의 광경을 그려낸다. 어설픈 관념적인 진술이 없다는 것은 그만큼 대상을 순수하게 바라보고 있다는 뜻이고, 한 편의 시에서 미학적 관점을 극대화 시키고 있다는 뜻도 된다. 시가 꼭 철학적이거나 윤리적일 필요는 없다. 한 편의 시가

미적 공간을 창조해낸다면 그것으로 족한 것이 아니겠는가?

> 쇼베 몽다르크 동굴 벽화/ 신비로운 그늘을 헤치고 나는/ 전생을 찾아 벽면을 더듬는다/ 손도장에 찍힌 / 대륙 저쪽 잉카문명은/ 손금의 생명선과 만나/ 지구의 한쪽 끝을 밟고 일어선다/ 부양한 회로에서 벗어난 횡단은/ 은하계를 배회하는 신의 영역/ 해독할 수 없는 항로를 도장 찍는다/ 행성은 방황하는 꽃이 되고/ 은빛 허공에서 안개로 부활한/ 전설의 도시는 불탄다/ 수많은 어깨를 부딪히던/ 우왕좌왕 스러진 오리무중의 비애/ 몸에 엉겨 붙은 푸른 문신을 빡빡 지운다 / 황홀한 눈빛으로 / 한 생애의 발자국을 그려 넣는/ 적막한 동굴의 한쪽 끝은 내 전생의 행선지가 되고 있다
>
> – 시 「동굴 여행」 전문

시 「눈보라 속에서」가 역동적 이미지로 장엄미를 그려내고 있다면 시 「동굴 여행」은 동서고금을 관통하는 상상력을 보인다. 이 시의 현실적 공간은 '쇼베 몽다르크 동굴'인데 거기서 화자는 벽화를 보고 있다. 프랑스에 있는 이 동굴은 1994년 쇼베란 프랑스 지방공무원이 발견했다고 해서 쇼베 동굴로 불리어진다. 석기시대로 추정되는 수많은 동물벽화가 생생하게 남아 있다고 한다. 화자는 여기서 단순한 벽화 감상에 머물지 않는다. 벽화의 이면에 있을 수만 년 전부터 진행되어 온 인류의 행적을 더듬는 시간 여행을 한다. 그것을 화자는 '전생을 찾아 벽화를 더듬는다'고 말한다. 어쩌면 벽에

그려진 원시 동물의 주술적인 형상 속에서 전생의 모습을 찾을 수 있을 것 같은 착각이 들었는지도 모른다. 이 시는 한 발 더 비약하여 공간이 다른 대륙 저쪽의 잉카 문명을 떠올리며 동서를 횡단하는 인류의 이동을 생각하고, 이동경로에 대한 의문을 '해독할 수 없는 항로'로 표현한다. 동굴 벽에 그려진 원시 동물들의 이동하는 모습에서 연상한 문명의 이동에 대한 상상력이다. '은빛 허공에서 안개로 부활한/ 전설의 도시'는 인류의 역사에 등장했다 불타 사라진 문명을 상상하게 하는데, 이 역시 화자의 현재적 공간과는 거리가 먼 연상이다. 시의 발화점에서 너무 먼 시적 상상력의 시상 전개가 독자를 당황스럽게 한다. 이쯤 되면 이 시의 중심 제재인 쇼베 동굴은 시의 모티브로서만 존재하게 된다. 무한 상상이 연상과정에서 인과 관계의 고리를 획득하지 못 하면 자칫 공소해질 수 있다는 점을 명심해야 되겠다. 어떻든 시공을 초월한 인류의 발자취에 대한 상상을 통하여 화자는 인간의 전생을 더듬는다. 이 시 역시 시공을 초월한 상상력으로 탈현실의 시적 공간을 축조한 것이 된다.

김검수 시에는 감각적이며 반짝이는 이미지들이 상당히 많이 보인다. 이미지 만들기에 고심한 흔적이 역력하다. 그러나 지나치게 개별 이미지 만들기에 집착하다 보면 시 전체 구성에 허점이 생기기도 한다. 그 이미지들이 개별적으로는 빛이 나는데, 시에서 다른 행과 만나면서 불협화를 일으키는 경우가 종종 있다. 다음에 인용된 부분은 한 편의 시에서 성공적인 이미지의 시행들만 간추려 본 것이다.

> 북반구의 행성에서 날아든 나는
> 점퍼차림으로 허름한 시장을 헤맨다
> (중략)
> 지구의 변방에 쪼그리고 앉은 소주병 하나
> (중략)
> 회색 하늘은 거리로 나와
> 검은 숲을 헤치며 기울어진다
>
> – 시 「독백 1」에서 발췌함

이 시 전체의 내용과는 별개로 인용된 부분만 놓고 봤을 때, 상상의 폭이나. 미적 결정체로서의 이미지, 그리고 압축미 등, 범상치가 않다. 정처 없이 떠도는 자의 허허로운 모습을 영상화 한 것이 되는데, 보헤미안의 우수적 정감이 묻어난다, 초현실주의의 그림이 그려지기도 한다. 실존주의 철학자 키엘케고르가 말한 세계, 또는 신으로부터 고립된 고독한 단독자의 이미지까지 읽혀진다. 화자는 자신을 '북반구의 행성에서 날아든' 존재로 상상한다. 이것은 우주질서에서 이탈하여 떠도는 존재로 자신을 인식하고 있음을 드러낸다. 그만큼 어떤 연緣으로부터도 매임이 없는, 시간과 공간에서 해방된 존재성을 암시하는 이미지이기도 하다. '소주병 하나'는 '지구 변방에 쪼그리고 앉은'으로 형용됨으로써 매임이 없는 존재의 고독을 암시하는 영상 기재로 재탄생한다. 이런 매임이 없는 정신이야 말로 현실을 초월하고자 하는 의지의 결과물이다. 돈, 명예, 권력과 같은 현세적 욕망으로부터 해방되었을 때, 비로소 찾아오는 진정한 정신의 자유일 것이다. 어떻든 영상미가 뛰어난 이런 이미지와 만난다는 것은 시인으로서는 여간 행운이 아닐 수 없다. 아름다운 이미지를 얻기 위하여 얼마나 많은 시간을 시인들이 고심하는가를 생각할 때 더욱 그렇다. 이런 시행들을 통해서 시가 미학적 토대위에 있어야 한다는 당위성을 확인한다. 이것은 시의 예술성에 대한 각성이고, 순수시의 지평을 여는 일이다. 이런 시의 세계를 개척하기 위해서는 보다 더 언어를 절제하고, 세심하게 절차탁마해야 될 것이다.

김검수의 『겨울의 사회학』에 수록된 시들은 도시 삶의 인간 파괴적인 현상들을 시의 질료로 한다. 한편 이미지스트로서의 언어운용에 상당한 심혈을 기울이고 있다. 그의 시들은 현실과 몽상의 접점에서 발화한다. 그래서 그의 시는 현실적이면서 비현실적이다. 때로는 현실과 몽상이 만날 때 내적 필연성을 얻지 못하여 이미지들이 연결고리를 잃고 부유하기도 한다. 현대 도시 문명이 파생시키고 있는 사회 병리현상들이 시의 곳곳에 나타난다. 그것을 시상으로 전개하는 과정에 시인의 몽상적 의식이 개입하여 비현실로 비약시킨다. 비판적 판단을 애써 지움으로써 소재가 지닌 고발성이 희석되는 경향이 있고, 이미지들은 도시 사회에 적응하지 못하고 신음하는 현대인의 심리현상을 반영하는 경우가 많다. 그는 현대의 삶에 대하여 부정적이다. 현실에 절망한 자의 의식을 이미지로 표현한다. 그러면서 또 한편으로는 그런 현실로부터 초월하고자 하는 의지를 드러낸다. 불교에 귀의하여 그 정신적 구경에서 영혼의 구원을 얻고자 한다. 이 때 그의 시는 각박한 현실로부터 해방되어 순수한 상상의 공간을 창조하게 되는데, 자연현상에서 미적 전율을 경험하기도 하고, 우주를 관통하는 시적 상상력을 통하여 매임이 없는 정신에 이르기도 한다. 앞으로 김검수 시의 새로운 지평은 이 지점에서 개화하게 될 것이란 예감이 든다.

겨울의 사회학

시와사상 시인선 32

찍은날 | 2019년 9월 23일
펴낸날 | 2019년 9월 30일

지은이 | 김검수
발행인 | 김경수
편집인 | 최휘웅
주 간 | 박강우
부주간 | 김예강
편집장 | 김사리
제작총괄 | 채수옥
디자인 | 김행선
펴낸곳 | 시와사상사
부산광역시 금정구 부곡동 325-36번지
전화 : 051-512-4142
팩스 : 051-581-4143
E-mail : sisasang94@naver.com
http://www.sisasang.co.kr

등록번호 | 제05-11-7호
등록일자 | 2005년 7월 18일

인쇄처 | 도서출판 세리윤

값 9,000원

ISBN 978-89-94203-26-3 04810
ISBN 978-89-94203-25-6 (세트)

• 본 도서는 2019년 부산문화재단 지역문화예술특성화지원사업의 일부지원으로 시행됩니다
• 이 도서의 국립중앙도서관 출판예정도서목록(CIP)은 서지정보유통지원시스템 홈페이지(http://seoji.nl.go.kr)와 국가자료종합목록 구축시스템(http://kolis-net.nl.go.kr)에서 이용하실 수 있습니다. (CIP제어번호 : CIP2019037015)